AF442721

I
♥
U

Little
Unicorn

N
W
E
S

HAPPY
DAY
THANKSGIVING

HAPPY
NEW
YEAR

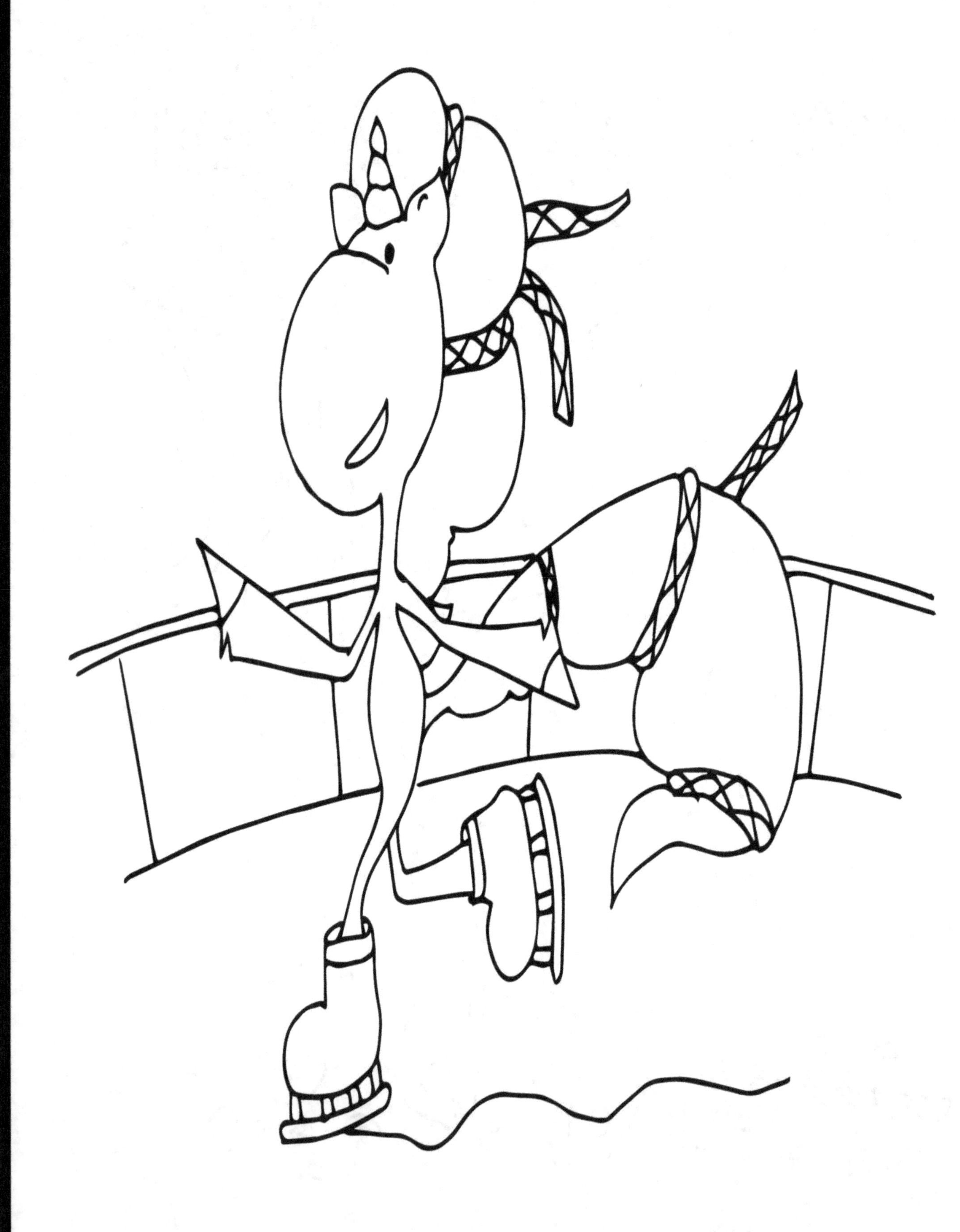

H
O
A
P
P
O
P
Y

Once Upon a Time

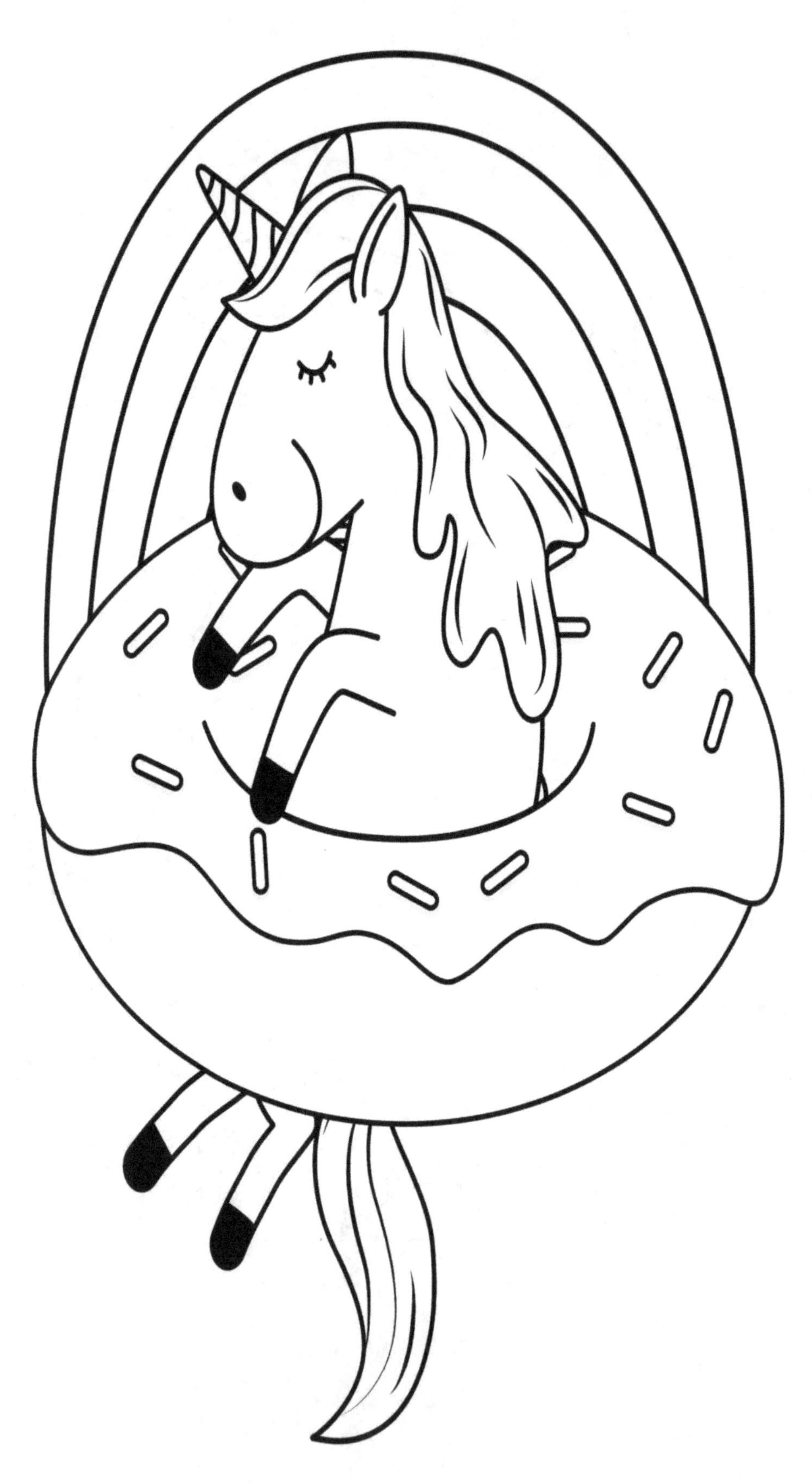

www.ingramcontent.com/pod-product-compliance
Lightning Source LLC
Chambersburg PA
CBHW080746120726
48001CB00009B/2699